RELIGION SAINT-SIMONIENNE.

POURSUITES

DIRIGÉES

Contre Notre Père SUPRÊME ENFANTIN.

ET

Contre Notre Père *Olinde* RODRIGUES.

POURSUITES

DIRIGÉES CONTRE

Notre Père SUPRÊME ENFANTIN;

ET CONTRE

Notre Père *Olinde* RODRIGUES.

(Extrait du Globe du lundi 23 janvier.)

Hier à midi notre père suprême ENFANTIN et notre père *Olinde Rodrigues*, chef du culte, se disposaient à se rendre à la salle Taitbout, où ils devaient présider la prédication et où tous leurs fils réunis les attendaient, lorsqu'un détachement de gardes municipaux, conduit par un commissaire de police, s'est présenté rue Monsigny, n° 6, les a empêchés de sortir et a interdit toute communication de la maison avec l'extérieur, en vertu d'ordres dont le commissaire s'est déclaré nanti. Un instant après ce détachement a été renforcé par un piquet de la 8e légion, 2e bataillon, de grenadiers de gardes nationales, sous les ordres du capitaine Saint-Amand-Cimtière, chef d'institution. Une compagnie de voltigeurs du 4e bataillon du 52e de ligne, commandée par deux capitaines d'état-major de la garde nationale, est bientôt survenue, et un escadron de hussards stationnait à peu de distance.

1

Pendant ce temps M. Desmortiers, procureur du roi, et M. Zangiacomi, juge d'instruction, assistés de deux commissaires de police et escortés de gardes municipaux et de troupes de ligne, se sont rendus à la salle Taitbout, où l'assemblée tout entière ignorait ce qui se passait. M. Desmortiers a signifié au prédicateur Barrault, qui se tenait dans le foyer, que la prédication ne pouvait avoir lieu, et qu'il venait enjoindre à la réunion de se dissoudre. Barrault, suivi des membres présens de la hiérarchie, s'est transporté avec les agens de l'autorité judiciaire dans la salle, où se trouvait une assemblée nombreuse, en partie composée de dames, dont l'aspect a paru beaucoup étonner M. le procureur du roi.

« Nous vous devons, a dit Barrault, explication du retard
» que nous avons apporté à la prédication d'aujourd'hui. Nous
» venons d'apprendre que notre père ENFANTIN est cerné dans
» sa maison par des troupes et qu'il ne peut venir présider no-
» tre réunion. »

A ce moment il a été interrompu par M. Desmortiers, procu-reur du roi, qui a dit : Au nom de la loi et de l'article 291 du Code pénal, je viens fermer cette salle et apposer les scellés sur toutes les issues. A ces mots une violente agitation s'est manifestée au sein de l'assemblée. Mais tous les Saint-Simoniens se sont aussitôt levés pour demander le silence, et lorsque le silence a été rétabli, Barrault a dit : « Nous vous prions de conser-
» ver le calme dont nous vous donnons l'exemple et de vous re-
» tirer tranquillement. Vous êtes accoutumés à notre voix, vous
» l'aimez, elle ne vous manquera pas ici ou ailleurs. Vous venez
» chercher ici une parole de paix, montrez-vous pacifiques. » La foule, s'apaisant à sa voix, s'est alors écoulée dans le plus grand ordre avec un calme religieux. Barrault lui-même est sorti, suivi de tous les Saint-Simoniens présens et d'une grande foule, pour se rendre à la rue Monsigny, où le plus petit nombre seulement de ceux qui l'accompagnaient a pu pénétrer.

Lorsque la salle a été évacuée, les agens du pouvoir ont rédigé leur procès-verbal, auquel a assisté Chabanier, directeur du contentieux, qui a fait toutes protestations et réserves contre ces mesures violentes.

Les scellés ont ensuite été apposés à la salle Taitbout.

Les agens de l'autorité judiciaire ne se sont rendus à la rue Monsigny qu'à deux heures et demie. Pendant l'intervalle, divers Saint-Simoniens se mêlaient aux militaires dont la cour était remplie, s'entretenaient avec eux, leur distribuaient des brochures. Plusieurs de ces hommes, qui ne nous connaissaient nullement, étaient remplis contre nous de préventions qui se sont évanouies dans ces conférences entrecoupées.

Lorsque MM. Zangiacomi et Desmortiers sont arrivés rue Monsigny, n° 6, ils ont trouvé le père ENFANTIN et le père *Rodrigues* entourés de la famille. Ils ont refusé de donner connaissance du réquisitoire en vertu duquel ils opéraient. Ils ont seulement déclaré qu'ils étaient porteurs de deux mandats d'amener, dirigés l'un contre le père ENFANTIN, l'autre contre le père *Olinde Rodrigues*, et qu'ils venaient procéder à des perquisitions.

La famille Saint-Simonienne se tenait dans les trois pièces attenantes au salon; elle regardait, attentive et muette; toutefois M. Desmortiers a requis qu'elle se dispersât. Le père ENFANTIN et le père *Rodrigues* sont restés, assistés de M. *Decourdemanche*, avocat, au milieu des agens de justice et des officiers des détachemens. Alors a commencé un interrogatoire dont nous reproduisons les traits principaux.

Le père ENFANTIN a demandé qu'on lui donnât acte de sa promptitude à obtempérer à toutes les demandes de la justice; et puis, faisant allusion à une courte discussion qui avait eu lieu à la salle Taitbout entre les agens de l'autorité et l'un de ses fils, Chabanier, il a réclamé qu'il fût constaté que si, comme il a été dit au procès-verbal dressé à la salle Taitbout, un de ses enfans avait donné lieu à M. le juge d'instruction de se plaindre de sa parole, cette parole n'avait point été prononcée dans la salle Taitbout en présence du public, mais seulement lorsque la salle était déjà évacuée ; ajoutant d'ailleurs qu'il remerciait personnel-lement M. le juge d'instruction, si réellement la parole de son fils avait été répréhensible, de l'avoir rappelé au calme que cha-que jour il recommande à ses enfans.

Et par-dessus tout il a rendu grâce à ceux qui avaient cru de-voir employer contre nous des moyens qui auront pour résul-tat de faire connaître d'une manière plus éclatante au monde la LOYAUTÉ et la GRANDEUR de la mission que DIEU nous a donnée.

Et lorsque M. le juge d'instruction a demandé à notre PÈRE SUPRÈME si, malgré la fermeture de la salle Taitbout, il se proposait encore de faire des enseignements publics, notre Père a répondu que, ne sachant point encore pour quel motif la salle Taitbout avait été fermée, il se bornait à affirmer que jamais sa volonté n'avait été plus ferme d'enseigner au monde notre foi ; certain qu'il était de voir dans peu de temps le gouvernement lui-même reconnaî-tre que cet enseignement était la plus haute garantie du maintien de l'ordre public.

Notre père *Olinde Rodrigues*, chef du culte, a demandé qu'il fût donné acte du nombre des hommes armés, gardes nationales, troupes de ligne, garde municipale et cavalerie, qui avaient été employés ce jour, soit à la fermeture de la salle Taitbout, soit à cerner la maison de la rue Monsigny.

Sur la réponse qui lui a été faite par M. le juge d'instruction, que la justice n'obtempérait pas à cette demande, il a ajouté qu'il l'avait faite uniquement dans le but de déclarer que les Saint-Simoniens étaient toujours prêts à livrer leurs actes et leur vie tout entière à l'examen de tous, et particulièrement à répondre aux demandes de la justice sur la *plus simple* réquisition.

MM. Zangiacomi et Desmortiers ont ensuite procédé aux per-quisitions ; ils ont saisi la correspondance du père ENFANTIN et même ses lettres de famille ; ils ont fait de même pour le père *Rodrigues*. Ils ont enlevé tous nos livres de comptabilité, tout, jusqu'à notre carnet d'échéances, nos titres de caisse, et les plus simples notes. Ils se sont emparés enfin de la correspondance du directeur du *Globe*, qui cependant n'est pas en cause.

Dans tout le cours de l'interrogatoire le juge d'instruction et surtout le procureur du roi se sont constamment refusés à indiquer aucun des chefs de l'accusation dirigée contre nos Pères. Toutefois ils ont sursis a l'exécution du *mandat d'amener* jusqu'à aujourd'hui à midi, instant auquel le père ENFANTIN et le père *Rodrigues* auront à subir un interrogatoire chez le juge d'instruction.

Nous devons déclarer que M. Zangiacomi, les commissaires de police et les officiers des diverses troupes, ont usé dans cette circonstance de tous les procédés qui étaient compatibles avec la rigueur de leur mission. M. Zangiacomi a remercié Barrault de l'empressement efficace avec lequel il avait recommandé le calme à l'assemblée de la salle Taitbout.

A cinq heures et demie ces messieurs se sont retirés.

Ainsi a commencé contre nous la persécution. Nous ne l'avons point provoquée ; mais nous l'acceptons avec calme, persuadés que, grâce à nos efforts et grâce à l'appui de tous les hommes généreux, ces poursuites, que rien ne justifie, accéléreront la vitesse de la propagation de notre foi.

MICHEL CHEVALIER.

Nous sommes assurés d'avance que tous les journaux libéraux n'hésiteront pas à prendre notre défense, et d'avance nous leur en offrons nos sincères remerciemens. En nous défendant, non-seulement ils défendront la cause de la liberté de conscience brutalement outragée en nous, mais ils défendront aussi en même temps celle de l'ordre ; car rien n'est plus opposé à l'ordre public que ces violences. Les amis de l'ordre doivent concerter leurs efforts pour garantir le gouvernement lui-même contre les conséquences de ses propres excès. Notre cause est celle de l'émancipation, mais elle est aussi celle de la stabilité ; car nous ne voulons *rien* brusquement *détruire* ; nous voulons *tout* progressivement *transformer.*

Puisse la manifestation dont la presse donnera le signal en notre faveur profiter à l'éducation du pouvoir! Il est atteint de la manie de juger les doctrines. Qu'il voie cependant: ses jugemens excitent une telle prévention qu'ils provoquent d'avance une protestation unanime; ses arrêts sont d'avance frappés de réprobation. Il n'a pas qualité pour émettre les jugemens qu'il proclame : qu'il s'abstienne donc de ce qui n'est pas selon sa capacité. Nous lui parlons d'ailleurs ici avec un absolu désintéressement, sans rancune et sans haine ; car les poursuites qu'il vient d'entamer contre nous avec un luxe de maladresse nous seront d'une immense utilité. Il a fait ainsi pour nous ce qui eût été à peine le résultat de trois mois de discussions laborieuses; car qui consentirait à se faire contre nous l'écho d'imputations légères ou malveillantes, aujourd'hui que ce serait se mettre au diapason du parquet et de la police? Désormais on ne pourra plus parler de nous que sérieusement et en connaissance de cause, car dans des plaisanteries dirigées contre nous, fussent-elles agréablement malicieuses, il y aurait autre chose encore que du mauvais goût. Nous bénissons la Providence qui a inspiré à l'autorité toutes les démarches le mieux combinées pour produire en un jour cet heureux effet, et nous remercions même les hommes qu'en cette circonstance elle a pris pour instrumens ; en cela nous les traitons selon leurs œuvres. Toutefois les gouvernans sentiront bientôt qu'il y a deux manières de hâter notre progrès, et par nous le progrès de la société : l'une directe et consciencieuse, l'autre indirecte et aveugle; et ils ont vraiment trop de sens pour ne pas préférer l'honorable tâche de l'homme éclairé qui a conscience de lui-même au rôle ingrat d'un instrument fatal.

M. C.

EMPRUNT SAINT-SIMONIEN.

Pour mettre M. Périer à même de juger de l'étendue du service qu'il vient de nous rendre, bien à son insu il est vrai, nous lui donnons communication d'un des témoignages de sympathie que nous a valus sa campagne de la salle Taitbout et de la rue Monsigny.

A M. O. Rodrigues, chef du culte Saint-Simonien, à Paris.

Paris, 22 janvier 1832, dix heures du soir.

Je désirais prendre quelques-unes de vos inscriptions de rente. Je viens d'être témoin des persécutions qu'on a dirigées contre vous, et je quadruple la demande que j'allais vous adresser.

Veuillez me comprendre pour cent inscriptions de 50 fr. de rente chacune, soit la somme de *trente-cinq mille francs* en capital. Je m'occupe de vous verser cette somme, et je vous adresse toutes les garanties que vous pourriez désirer.

Agréez, monsieur, l'assurance de mon dévouement affectueux et de ma plus parfaite considération.

Ed. LOUVOT-DEMARTINÉCOURT,
Capitaine au corps royal d'état-major, en réforme, administrateur de mines.

———

Nous déplorions, il y a huit jours, à l'occasion de l'arrestation du rédacteur de l'*Opinion* et de l'imprimeur de la *Tribune*, l'aveuglement du pouvoir, et la faiblesse que son courroux contre la presse semblait révéler; nous sommes à notre tour en butte à des poursuites dont nous ne pouvons encore apprécier les motifs.

La marche rétrograde du gouvernement actuel ne s'effectue plus avec timidité; il ne prend plus soin de dissimuler ses sympathies pour un système que repoussent également et sa propre origine et la tendance universelle des esprits en France, en Europe même. Au lieu de développer, non les principes abstraits du con-stitutionnalisme, mais les élémens d'avenir, d'ordre, de travail, de prospérité, de force, que le pays le plus civilisé du monde renferme dans son sein, les gouvernans ne semblent préoccu-pés que de comprimer, que de froisser, que d'étouffer tout ce qui dans sa sphère politique s'écarte de ses habitudes *routinières*, dé-range le petit *statu quo* que quelques esprits étroits avaient rêvé.

Qu'ils rétrogradent donc, puisqu'un reflux les entraîne; mais qu'en retour des rigueurs dont ils nous menacent, ils reçoivent de nous un avis salutaire.

Les enseignemens *publics* de la religion Saint-Simonienne ont été commencés en 1828, rue Taranne; ils ont été continués, *toujours publiquement*, en 1829, rue Dauphine. Les prédications *publiques* ont eu lieu jusqu'à ce jour, *sans interruption*, depuis le mois d'avril 1830. Ainsi en 1828, en 1829 et en 1830, sous le règne de Charles X, sous l'administration de MM. de Polignac et Peyronnet, l'article 291 n'a jamais été in-voqué contre nous; il était réservé à l'administration du *libéral* M. Casimir Périer, sous la royauté des barricades, d'exhumer ce despotique article contre la religion Saint-Simonienne, au mé-pris d'une possession de publicité de quatre années, au mépris des lois qui garantissent à chacun le libre exercice de son culte!

Le pouvoir a donc franchi à notre égard des barrières que dans ses derniers momens la *légitimité* avait respectées; il s'est violemment reporté à l'arbitraire de 1816 et de 1817... Quand on est engagé dans une semblable voie la pente est glissante!

Il y a des gens qu'il vaut mieux avoir pour ennemis que pour amis. L'amitié du ministère a déjà à demi perdu le *Constitution-nel*. Pour peu qu'il poursuive contre nous le cours de son inimi-tié, il fera en six mois le succès du Saint-Simonisme.

CIRCULAIRE PARTICULIÈRE DU PRÉFET DE POLICE.

Il y a une chose dont le pouvoir doit se persuader. Nous sommes amis de l'ordre ; mais nous ne sommes pas des êtres passifs : s'il nous surveille, nous le savons ; s'il nourrit contre nous des projets, les mystères ne sont pas tellement impénétrables que nous ne puissions les pénétrer jusqu'au fond. Nous avons des amis qui, ainsi que nous, ont des yeux pour voir et des oreilles pour entendre ce qui se passe autour de nous et particulièrement ce qui se trame contre nous. Nous avons publié dernièrement la circulaire adressée, à notre occasion, par le maréchal Soult à tous les chefs de corps. Aujourd'hui voici une circulaire que M. Gisquet vient de faire parvenir à tous les commissaires de police de Paris, et toujours à notre propos. celle-ci a au moins le mérite de la modération. M. Gisquet tient à être éclairé sur notre compte ; nous nous en félicitons, car nous n'avons guère été attaqués jusqu'à présent que par des gens qui ignorent qui nous sommes. Il recommande à ses subordonnés de s'entourer de tous les documens ; il ne pouvait rien leur ordonner qui nous fût plus agréable. Quand tout le monde nous connaîtra, tout le monde nous aimera et tout le monde voudra nous cultiver et nous pratiquer. Mais s'il se disait une fois pour toutes que nous le savons par cœur, il s'épargnerait à lui bien des fausses démarches, et il nous laisserait plus de loisir pour travailler au rétablissement de l'ordre, œuvre pour laquelle l'expérience de tous les jours doit lui faire sentir toute son insuffisance.

Voici cette circulaire :

Cabinet du Préfet,   janvier 1832.

Par ma lettre du 31 octobre dernier je vous ai invité à assister régulièrement à toutes les prédications Saint-Simoniennes qui auraient lieu dans votre quartier, et à constater par procès-verbal tout ce que ces prédications vous paraîtraient avoir d'hostile contre le gouvernement et contre la tranquillité publique, en appuyant autant que possible vos déclarations de témoignages respectables. Je vous ai recommandé en même temps de recueillir la plainte de tous les individus auxquels ces réunions pourraient porter préjudice, et particulièrement des faits qui caractériseraient, de la part de la nouvelle secte, un attentat aux lois et à l'ordre établi. Mon attention est éveillée de nouveau sur la tendance coupable des fauteurs du Saint-Simonisme. Des faits graves me sont signalés. Ces faits sont de deux natures. Les uns s'appliquent à des embrigademens et classifications d'ouvriers; les autres à des captations exercées sur des personnes riches ou des jeunes gens appartenant à des familles honorables. Ces diverses manœuvres appellent toute notre vigilance. Une surveillance active, des recherches judicieusement dirigées doivent amener des résultats précis et de nature à éclairer l'autorité. Je vous recommande de ne rien négliger pour atteindre ce but. C'est en vérifiant les allégations , en réunissant les preuves, que vous y arriverez. Ne négligez aucune circonstance , aucun indice ; multipliez les informations. Peu d'objets réclament au même degré votre activité et votre sollicitude. En vous occupant des démarches des Saint-Simoniens à l'extérieur ne perdez pas de vue les réunions centrales. Tout s'enchaine dans les projets de la nouvelle secte, actes et discours; les uns s'expliquent par les autres, et tous doivent être également surveillés. Je vous recommande donc de nouveau d'assister à toutes leurs prédications, d'en bien apprécier le caractère, et de constater fidèlement les provocations coupables qui peuvent être développées par leurs orateurs. Vous aurez soin de me tenir au courant de votre surveillance et de vos investigations.

GISQUET.

Pendant que l'appareil militaire déployé contre nous, et qui formait un contraste si étrange avec notre caractère pacifique, cernait la maison de la rue Monsigny, plusieurs d'entre nous conversaient avec les troupes qui nous entouraient, et particulièrement avec les gardes nationaux. Parmi ces derniers, quelques-uns, réunis en un groupe, répétaient à l'envi que les Saint-Simoniens étaient des perturbateurs, des ennemis de l'ordre; qu'on le leur avait dit, et qu'ils le croyaient, quoiqu'à vrai dire ils ne nous connussent pas; car, disaient-ils, c'est la guerre de ceux qui

n'ont pas contre ceux qui ont. Or leurs deux interlocuteurs étaient Henri Baud et Alexis Petit. « Vous vous adressez mal pour ex-
» primer cette accusation, dit Baud ; car moi qui vous parle, je
» suis le fils unique d'un homme qui possède une fortune consi-
» dérable. — Et moi, ajouta Alexis Petit, je suis tout aussi
» intéressé à l'*ordre* que qui que ce soit d'entre vous ; car
» je suis le fils unique d'une mère qui possède 40,000 francs
» de rente. » Ce langage a beaucoup surpris les gardes nationaux. En général, magistrats et militaires s'attendaient à nous
trouver tout autres qu'ils nous ont vus ; car il y a de par le monde des âmes charitables qui nous avaient fait en maints lieux une
réputation parfaite d'agitateurs, de perturbateurs, de conspirateurs
et de spoliateurs. M. Desmortiers lui-même a particulièrement
été frappé de l'attitude resplendissante de calme et de dignité de
notre PÈRE SUPRÊME, et de la haute franchise du père *Rodrigues* ;
et malgré la réserve et la raideur qu'il paraît croire indispensa-
bles à l'exercice de ses difficiles fonctions, il n'a pu s'empêcher de
laisser percer ce sentiment dans les derniers mots qu'il leur a
adressés.

Les rigueurs dont nous sommes l'objet dans la personne de notre PÈRE SUPRÊME et dans celle du père *Olinde Rodrigues* nous ont déjà attiré de nombreux et vifs témoignages de sympathie. Plusieurs personnes qui déjà s'approchaient de nous sont venues pleines d'ardeur s'offrir tout entières au PÈRE SUPRÊME ; d'au-tres qui nous étaient inconnues nous ont prodigué des assuran-ces d'affection. Mais de toutes les émotions que nous avons éprouvées la plus douce est celle que nous avons ressentie en voyant plusieurs des personnes qui avaient glorieusement porté avec nous la robe de l'apostolat, et qui dans les derniers temps se sont douloureusement séparées de nous, venir assurer à notre PÈRE SUPRÊME que , malgré des dissentimens graves , elles n'avaient pas cessé de nourrir pour lui un amour de fils au fond de leurs entrailles.

Extrait du GLOBE *du mardi 24 janvier.*

LES poursuites commencées contre nous dimanche ont pris dès hier un caractère tout nouveau dans les fastes judiciaires. Il y a autour de notre PÈRE SUPRÊME une atmosphère de calme et de dignité qui saisit et pénètre tout ce qui l'approche. Hier lundi les égards des magistrats envers sa personne et envers celle de notre père *Olinde Rodrigues*, dont le moindre geste porte l'empreinte d'une éclatante loyauté, ont été dignes de toute notre reconnaissance.

Les personnes qui nous haïssent gratuitement sans nous avoir jamais vus, ni entendus, ni lus, et elles sont encore en grand nombre, dans les projets hostiles qu'elles ont pu former contre nous ou qu'elles ont tenté d'inspirer à un gouvernement prévenu contre toute innovation, n'ont pas fait entrer en ligne de compte parmi les élémens qui s'opposeraient à leurs desseins cette haute influence morale que répandent autour d'eux des hommes religieux ayant conscience que les destinées de l'humanité leur ont été confiées. Habituées à passer leur vie au milieu d'êtres qui végètent au jour le jour, sans mémoire de la veille, sans conscience du lendemain, elles ne savent pas ce que peuvent être des hommes qui sentent leur vie liée à tout ce qui les entoure, dans l'*espace* comme dans le *temps*, qui se sentent à la fois unis à un passé douloureux et à un brillant avenir. Elles ne conçoivent pas surtout ce que peut être l'homme qui seul, parmi tous ces hommes, est sans supérieur, a des fils, mais n'a ni Père ni Frère, et porte en son cœur la responsabilité immense de l'œuvre de régénération et de progrès.

Elles ignorent, ces personnes, qu'un tel homme a le don de commander un religieux respect non-seulement à ceux qui l'entourent, mais de proche en proche et progressivement, par une sorte de communication électrique, à tous ceux qui s'occupent de lui et prononcent son nom.

Elles ignorent que des apôtres de paix fortement enlacés au sein d'une association douce et féconde, qui comme nous ne sont étrangers à aucun des mystères des arts, de l'industrie et de la science, ont un fil conducteur qui les rattache à tous les cœurs généreux, et qu'ainsi partout ils ont, souvent à leur insu, de chauds amis, d'éloquents interprètes; car les cœurs généreux ont accès partout.

Les hommes qui sont tels vis-à-vis de nous n'ont pas conscience de l'ascendant de plus en plus irrésistible qu'ont puissance d'exercer, même à distance, des hommes religieux, en qui sont vivans le vœu de l'association universelle et le sentiment qui réhabilite en les réglant tous les besoins de l'humanité, toutes les natures diverses. Nous qui en avons conscience intime, nous sommes aujourd'hui portés à croire que la conclusion de l'instruction commencée contre nous ne se fera pas attendre, et qu'elle ne sera pas une déclaration de guerre contre notre apostolat.

M. C.

Notre PÈRE SUPRÈME et le père *Olinde Rodrigues* se sont rendus hier à midi chez M. le juge d'instruction.

Voici les demandes qui leur ont été successivement adressées. Nous les reproduisons aussi fidèlement qu'il nous est possible de nous les rappeler.

A notre PÈRE SUPRÈME :

Demande. Avez-vous convoqué ou présidé des réunions dans lesquelles il ait été question de sujets politiques ou religieux ?

Réponse. Oui.

D. Avez-vous autorisé, en qualité de chef suprême de la religion Saint-Simonienne, *M. Olinde Rodrigues* à faire signer des procurations desquelles résulte une société en nom collectif, et par lesquelles les signataires s'engagent à lui confier la gestion et l'administration de leurs biens ?

R. Pour toutes les questions relatives aux intérêts *financiers* et *industriels* de la religion Saint-Simonienne, je désire qu'elles soient adressées à *Olinde Rodrigues*, chef de notre *culte*, qui, conformément à la division de travail qui existe dans notre sein , est spécialement chargé de ces intérêts.

Toutefois j'ajoute, quant à la procuration dont il m'est parlé , que mon intention a été de la faire rédiger dans des termes tels que M° Nolleval, qui a été chargé de la recevoir, pût dire, comme il l'a dit en effet, à tous MES ENFANS, en la leur faisant signer, que « cette procuration était plus large que toutes celles qui dans le monde pourraient être données même à un PÈRE. »

D. Avez-vous organisé des associations d'ouvriers, dans le but de changer l'ordre établi ?

R. Le chef du *culte* répondra sur l'organisation des associations d'ouvriers, et donnera tous les détails que la justice demandera. Quant au but *politique* que nous nous proposons depuis cinq ans, nos doctrines sont assez prêchées, enseignées et publiées sous toutes les formes, pour que je puisse renvoyer à nos œuvres.

Au père OLINDE RODRIGUES , *chef du culte.*

D. Reconnaissez-vous que vous vous réunissez au nombre de plus de vingt personnes à des époques fixes, à la salle Taitbout, pour y traiter de matières politiques ou religieuses, sans l'agrément de l'autorité?

R. Oui, mais on ne peut admettre que nos réunions n'aient été au moins tolérées par le gouvernement, car elles sont publiques depuis 1828. Je repousse d'ailleurs complétement l'application de l'art. 291 du Code pénal, puisque nous sommes une religion , et je ne connais aucune autorité compétente à prononcer si nous méritons ce titre.

D. Vous avez émis des rentes sans justifier des garanties nécessaires au paiement?

R. J'offre chaque jour d'établir ces garanties par les apports qui sont faits par les Saints-Simoniens et par les personnes qui nous aiment; d'ailleurs la publicité absolue donnée à nos opérations financières est une seconde garantie non moins importante que la première.

D. Mais ces émissions semblent comporter le délit de manœuvres frauduleuses prévues par l'art. 105 du Code pénal?

R. Je ne connais aucune opération financière faite par quelque gouvernement que ce soit, qui ne présentât à un bien plus haut degré que la nôtre ce caractère d'immoralité dont on prétend nous flétrir, s'il était vrai que la nôtre ne fût pas morale.

D. Quel but poursuivez-vous par vos associations et vos réunions d'ouvriers?

R. Améliorer de la manière la plus prompte le sort moral, physique et intellectuel de la classe la plus pauvre et la plus nombreuse, en lui imprimant le sentiment bien profond que toutes les classes de la société s'empresseront de joindre leurs efforts aux nôtres du jour où la classe ouvrière aura bien manifestement, sous notre inspiration, renoncé à toute tentative de trouble ou de désordre.

D. Il paraît que dans quelques-unes de ces réunions il y a eu appel fait à la classe ouvrière pour renverser l'ordre établi et détruire le système de propriété, base de l'ordre social? ·

R. Je nie que sous l'autorité des chefs Saint-Simoniens il ait jamais été fait et qu'il soit jamais fait appel à une classe quelconque de la société pour *détruire* et *renverser* l'ordre et le système quelconques établis parmi les hommes non Saint-Simoniens. Bien au contraire, j'ai déclaré, au nom du PÈRE SUPRÊME, que je regarderais toute tentative de violence comme l'acte le plus nuisible au succès de notre doctrine.

A la suite de l'interrogatoire, le juge d'instruction a fait rendre leurs papiers à notre PÈRE SUPRÊME et au père *Olinde Rodrigues.* Nous avons lieu de croire que demain la correspondance du *Globe*, dont le directeur d'ailleurs n'est pas en cause, nous sera rendue. D'après la tournure générale qu'ont présentée les deux interrogatoires, et d'après la manière dont les papiers ont été restitués, sans même qu'on les ait sérieusement examinés, nous serions tentés de croire aujourd'hui que le ministère n'a pas l'intention de donner un caractère de gravité aux poursuites entamées contre nous.

Michel Chevalier.

Quand nous étions tous hier près de notre père Enfantin, un étranger s'était glissé parmi nous, et quand il vit cet empressement de tous nos amis, de tous nos frères, et la sérénité empreinte sur tous les visages, et la sécurité de cette maison militairement cernée, en attendant qu'elle fût judiciairement fouillée; et ces embrassemens tendres, ces étreintes douces que trouvent des hommes unis par la foi et resserrés entre eux par l'espoir, et au milieu le calme divin du PÈRE SUPRÊME souriant, tendant la main, animant chacun et tous; cet étranger dit alors à mon vieil ami Pin : « Eh! mais, c'est une fête de famille! »

C'était une fête, il disait bien, et il n'y avait pas jusqu'à une pauvre jeune malade qui n'eût quitté son lit la tête entortillée, l'air souffrant et néanmoins l'œil radieux, pour venir en prendre sa part. Les femmes ne manquent jamais aux jours de fête! A celle de juillet même elles n'ont pas manqué.

Eh! quelle fête plus belle pour nous que d'avoir senti cet auditoire, trop souvent froid à nos paroles, s'échauffer, se lever et protester haut en faveur des droits de ceux qui se dévouent au bien-être et à l'amélioration du sort des masses; puis d'avoir éprouvé la puissance pacifique de notre voix sur une foule indignée, puis d'avoir reçu des témoignages également précieux d'affections fraîches écloses et d'attachemens d'ancienne date, ainsi que les acclamations de nouveaux confesseurs du culte nouveau, subitement convertis et par-dessus tout quelle joie plus vive que de voir la lumière appelée sur notre vie et sur nos actes, et le gouvernement se charger de nous mettre en relief, nous qui comptons sur la publicité seule pour transformer l'univers, selon la promesse de notre Maître; nous qui avons soif du soleil, qui conspirons à ciel ouvert et n'aspirons qu'au grand jour. Merci trois fois à ceux qui se font ainsi nos auxiliaires, encore qu'il eût été mieux de nous servir d'autre sorte. Merci pour l'appui qu'ils nous valent, pour la publicité qu'ils nous prêtent, pour le succès qu'ils nous préparent. Mais principalement merci pour la couronne d'honneur, pour l'auréole de gloire que leurs poursuites promettent à nos Pères.

En ce moment les pères ENFANTIN et *Rodrigues* sont devant le juge héritier inamovible de celui qui mandait, il y a douze ans, Henri Saint-Simon à sa barre. Ils seront absous comme le fut leur Maître, notre Maître à tous ; et comme lui ils auront auparavant donné une leçon à la justice, un exemple au monde. Il est écrit d'une écriture qui ne s'efface point, que les grands législateurs doivent tour-à-tour comparaître devant les petits, la justice divine devant la justice humaine ; mais c'est un privilége donné aux uns d'élever le banc où ils s'asseyent au-dessus du tribunal où siégent les autres ; si bien qu'on se trompe entre l'accusé et l'accusateur : ils semblent avoir changé de rôle.

Avant-hier, au moment où le père ENFANTIN , prêt à se rendre rue Taitbout au sein de ses fils, trouva deux files de gardes municipaux flanquées de troupes de ligne lui fermant la marche et criant : *On ne passe pas!* il se tourna vers le chef du *culte* pour lui dire : « Mon cher *Rodrigues*, quand vos industriels reluiront et marcheront ainsi ! » Ces mots résument toutes nos pensées sur le début des persécutions ; ils nous remplissent l'âme d'avenir. Notre foi et nos forces en sont doublées. Jamais nous n'avons senti à si haut point notre puissance et notre avénement si proches : car nous savons que le roc Tarpéien est encore plus éloigné du Capitole que le Vatican des Catacombes, si vraiment les Catacombes nous étaient destinées.

H. BOURDON.

Les ministères qui se sont succédés depuis la révolution de juillet, et particulièrement le ministère Périer, n'ont certes point été avares de poursuites contre la presse ; *le Globe*, à peu près

2

seul, a pu se soustraire au courroux de tous les procureurs généraux.

Les réunions des Amis du peuple ont été attaquées, l'exercice public de la religion Saint-Simonienne a continué son cours. Quelles sont les causes du changement subit qui vient de s'opérer? Le pouvoir a-t-il voulu hier frapper un grand coup ? A-t-il espéré occasioner un grand scandale, afin de détourner l'attention publique de la discussion du budget et d'emporter à coup de scrutin des crédits contre lesquels la morale publique et la misère du peuple s'élèvent si fort? Nous ignorons si tels sont ses motifs. Quant à l'espoir de scandale, il est patent : l'appareil déroulé et l'heure choisie pour ce coup de collier en font suffisamment foi.

Pour fermer la salle Taitbout n'eût-il pas été cent fois plus simple d'en effectuer la signification la veille? *Le Globe* eût pu dès lors annoncer aux personnes assidues à nos prédications la mesure de la police, sauf réserve, et le plus léger prétexte de désordre n'eût point été offert.

En suivant une marche contraire, peut-être espérait-on exaspérer de jeunes cœurs et obtenir contre nous des armes que nous n'avions point encore fournies; en ce cas c'est une attente qui a été vaine; et on a dû s'apercevoir que les sentimens de paix ne sont pas seulement sur nos lèvres, et que notre puissance d'ordre est autre chose qu'une *fiction*.

LES CRÉDITS IMAGINAIRES.

L'un des motifs qui ont servi de prétexte à l'acte arbitraire dont nous avons été victimes hier de la part du pouvoir, c'est, ainsi qu'il résulte de l'interrogatoire de notre père *Olinde Rodrigues*, l'émission de nos rentes sur un crédit qu'on qualifie d'*imaginaire*. Comme nous pouvons avouer tous nos actes, et comme il faut enfin mettre un terme à ces odieuses calomnies portées dans des feuilles sans cou-

sistance par des *anonymes* complaisans, contre des hommes habi-
tués dès long-temps à l'estime et à la considération générales,
nous commençons nous-mêmes, sous un point de vue *théorique*, une
instruction que nous porterons, quand on voudra, sur un terrain
pratique. Nous saisissons d'ailleurs avec d'autant plus d'empressement l'occasion de discuter la question des *crédits imaginaires*
que cela nous amène tout naturellement à envisager l'amortissement sous son véritable jour. Nos observations ne seront peut-
être pas sans influence sur la décision que portera la Chambre des
députés sur cette institution.

Mais d'abord examinons de nouveau notre système financier,
les garanties que nous avons présentées, les promesses que nous
avons faites, et comparons cette marche à celle suivie jusqu'ici
par les divers gouvernemens.

Jusqu'à présent tous les gouvernemens, en émettant des rentes, se sont engagés à rembourser le capital dans un temps déter-
miné. Or, si nous consultons toutes les annales financières, nous
verrons que l'*amortissement* n'a jamais rien *amorti*, car les sommes empruntées ont toujours dépassé considérablement les sommes remboursées; de telle sorte qu'on serait fondé à affirmer que
l'amortissement n'a jamais été qu'une pure *jonglerie* bonne pour
aveugler quelques esprits crédules, afin d'appeler une confiance qui n'eût pas été accordée sans cela; on serait fondé
à affirmer que, sauf les erreurs de quelques hommes d'une
probité reconnue, il n'a été entre les mains de tous les financiers qu'un instrument de dissimulation employé pour obtenir à de bonnes conditions une plus grande quantité de capitaux.

Pour nous qui annonçons la fin de la *lutte* et de l'*exploitation*
sous toutes les formes, sous celle de la *violence* comme sous celle
de la *fraude* et de la *ruse*, nous avons renoncé à cette fiction
de l'amortissement, bien que nous nous soyons ainsi créé au
premier abord quelques obstacles.

Il est évident que l'amortissement doit être rangé dans la catégorie des *crédits imaginaires*. Or le gouvernement, qui se montre si scrupuleux sur nos opérations financières, ferait bien d'imiter l'exemple de franchise et de loyauté que nous lui donnons, en supprimant le moyen indirect dont il s'est servi jusqu'ici, involontairement peut-être. La chose lui serait d'autant plus facile qu'il ne peut plus alléguer le prétexte de la nécessité d'élever un crédit naissant. Cet argument, avancé il y a quelques années par M. Delaborde pour excuser l'existence *temporaire* de cette institution, en même temps qu'il la flétrissait sévèrement, n'a plus de valeur, aujourd'hui que tant de voix éloquentes s'élèvent pour écarter ce leurre financier. La persistance du gouvernement dans cette voie, indépendamment de ce qu'elle le rendrait incompétent à l'égard de toutes les questions de *crédits imaginaires*, priverait encore la classe la plus pauvre, c'est-à-dire l'immense majorité, des soulagemens qu'on pourrait apporter à sa position en dégrevant le budget de la dépense de 87 millions.

Maintenant que nous avons prouvé que les gouvernemens n'ont jamais tenu cette partie de leurs promesses qui concerne le remboursement des capitaux empruntés, passons à l'examen des garanties que nous offrons, comparées à celles qui sont présentées par tous les gouvernemens.

Comme nous, ils promettent de payer une certaine somme de rentes; mais ces rentes sont hypothéquées sur les revenus qui proviennent de l'impôt, dont la perception est appuyée par une armée de douaniers et de garnisaires. Toutes ces recettes, et particulièrement celles qui proviennent de l'impôt indirect, sont variables; elles dépendent de l'état de prospérité ou de détresse des travailleurs. Lorsqu'elles sont abondantes les rentes s'élèvent, parce qu'on est sûr du paiement des intérêts; lorsqu'elles se font difficilement les rentes baissent, parce que l'on conçoit des doutes sur le paiement des semestres. Les nombreux exemples qu'ont fournis les gouvernemens de la suspension du paiement des intérêts, indiquent assez qu'il n'est au pouvoir de personne, avec la meilleure foi du monde, de donner à ses créanciers une certitude *matérielle absolue*.

Nous n'avons parlé que des obstacles matériels, nous aurions trop d'avantages si nous parlions de la mauvaise foi de certains emprunteurs, ou des révolutions politiques : l'Espagne, la Colombie, le Mexique, la république d'Haïti, ont laissé des traces qui ne sont point encore effacées.

En ouvrant notre emprunt, nous avons, comme tous les gouvernemens, assigné nos revenus comme garantie du paiement des intérêts ; mais il y a cette différence entre eux et nous, c'est que nos revenus sont basés sur les dons volontaires d'un nombre toujours croissant d'hommes RELIGIEUX dont le bonheur est de sentir leur vie toujours de plus en plus liée à l'œuvre sainte que nous accomplissons, dont la gloire est de venir y consacrer tous les biens dont ils peuvent disposer ; tandis qu'en dehors de nous on est obligé d'employer souvent la force pour la perception des contributions sur lesquelles les rentes sont hypothéquées.

Le nouveau mode de contributions que nous pratiquons peut paraître chanceux à quelques-uns ; mais nous pouvons offrir à tous, par l'exemple du passé, un grand élément de certitude, une bien forte preuve de la puissance qui est en nous.

Depuis quinze mois environ que nos travaux ont pris une grande extension, les dons volontaires se sont constamment élevés en proportion de l'accroissement de nos besoins. Or, si nous sommes parvenus jusqu'ici à satisfaire par nous-mêmes à toutes nos dépenses, il nous serait bien facile aujourd'hui de payer les intérêts des sommes que nous demandons à l'emprunt, afin d'atteindre plus rapidement le but de nos efforts, à savoir, la conciliation de tous les partis, de toutes les classes, de tous les peuples.

Nous en avons une certitude tellement complète que tous nous avons réclamé l'honneur de la solidarité pour les engagemens de la société Saint-Simonienne. La procuration absolue que nous avons donnée à notre père *Olinde*, laquelle fait l'objet des doutes d'un monde qui ne nous comprend pas, est son plus beau titre de gloire ; car nul homme n'a jamais inspiré une confiance semblable. Ce fait mérite bien de sérieuses réflexions.　　　J. PEREIRE.

On lit dans la *France nouvelle* :

« M. le procureur du roi s'est rendu aujourd'hui dimanche, accompagné de l'un de ses substituts et d'un juge d'instruction, à la salle de la rue Taitbout, où se réunissaient les Saint-Simoniens pour leurs prédications hebdomadaires ; il s'est ensuite transporté rue Monsigny, n° 6, au principal domicile de cette association *prétendue* religieuse, et sur ces deux points il a fait saisir les livres et papiers, et ordonné la séparation et la retraite immédiate des personnes qui se trouvaient assemblées.

» Les livres et papiers ont ensuite été transportés au Palais de Justice, et les scellés apposés sur la salle des réunions.

» Cette mesure de l'autorité judiciaire *paraît* avoir été exécutée par suite des plaintes nombreuses dont les Saint-Simoniens sont l'objet. *On* nous *assure* qu'ils sont accusés ou prévenus de *plusieurs escroqueries*, et que d'autres chefs d'accusation pèsent également sur eux. »

En vérité, pour un journal du ministère, voilà des formes bien dubitatives : *Cette mesure paraît avoir été exécutée* ; .... *On nous assure*, etc. Comment se fait-il que M. Pillet, qui est si bien avec les ministres, n'ait point obtenu de leur part de renseignemens plus précis? Il doit à coup sûr leur en vouloir de cette réticence, car elle le place à notre égard dans une situation qui doit lui être pénible. O*n vous assure* que nous sommes des *escrocs* ; et vous n'hésitez pas à le répéter! Permettez-nous, monsieur, de vous donner un conseil. C'est un triste métier que de se faire l'écho bénévole, l'interprète officieux de la calomnie. Quand on se mêle de calomnie on devrait au moins la faire à son compte. Si vous savez des faits, osez les articuler, et nommez-vous sans vous retrancher derrière une trop commode particule. Si vous ne savez rien, gardez le silence.

Pour nous, monsieur, O*n* nous a dit aussi beaucoup de choses sur la nature des liens qui vous attachent au ministère : mais nous avons toujours méprisé les cancans anonymes et les obscurs retentissemens de la malveillance. C'est un exemple, parmi beaucoup d'autres, que notre association *prétendue* religieuse a la présomption de vous offrir, quoique placée par vos interprétations indiscrètes sous le poids d'une accusation qui serait odieuse si elle n'était pitoyable de ridicule.

Ad. GUÉROULT.

On lit encore dans le *Sténographe :*

On assure que la conduite de l'autorité à l'égard des membres de la société Saint-Simonienne a été motivée par des plaintes en escroquerie déposées au parquet. Toutefois on affirme qu'un appel fait aux *membres de la famille* a produit aujourd'hui une mise de fonds de 30,000 fr., pour subvenir à toutes les réparations que l'on se croirait en droit de réclamer.

La réponse que nous venons de faire au *Journal de Paris* va tout droit à l'adresse du *Sténographe.*

Nous reproduisons avec bonheur les extraits de divers journaux au sujet des violences exercées contre nous. Nous étions convaincus d'avance que dans de semblables circonstances l'appui des hommes généreux du libéralisme ne nous manquerait pas. Les journaux qui nous ont donné aujourd'hui des preuves de sympathie se sont acquis des droits sacrés à notre vive reconnaissance.

LE COURRIER FRANÇAIS. —Aujourd'hui, au moment où commençait à la salle de la rue Taitbout l'enseignement Saint-Simonien pour les ouvriers, la maison a été cernée par la gendarmerie et la troupe de ligne. M. Desmortiers, procureur du roi, a pénétré de sa personne dans le lieu des séances, et il a enjoint à l'assemblée de se dissoudre à l'instant même. Des murmures ont éclaté et des velléités de résistance se manifestaient ; mais M. Barrault, l'un des chefs de la hiérarchie Saint-Simonienne, a pris la parole, et, docile à sa voix, la foule qui se pressait dans la salle s'est retirée dans le plus grand calme. Les scellés ont été mis sur les portes de la salle.

Au même instant d'autres détachemens de ligne et de gendarmerie, assistés cette fois par la garde nationale, cernaient la maison rue Monsigny, n. 6, pour mettre à exécution deux mandats
d'amener lancés contre MM. Enfantin et Rodrigues. M. le procureur du roi était encore là ; il est entré le chapeau sur la tête
chez le premier de ces messieurs, qui a refusé de l'entendre
qu'il n'eût d'abord satisfait aux plus simples formes de la politesse en se découvrant. L'interrogatoire a été court. Les papiers
de M. Enfantin et ceux de M. Rodrigues ont été saisis , ainsi
que la correspondance entière de la doctrine Saint - Simo-
nienne.

Le réquisitoire lancé contre les deux chefs de la religion
Saint-Simonienne les accuse, dit-on , de professer des doctrines
anti-sociales et subversives de l'ordre établi.

La mesure que nous annonçons est grave ; nous ne pensons
pas qu'elle résulte d'une simple résolution de M. le procureur du
roi ; elle a assez d'importance pour qu'on puisse la croire émanée
du gouvernement lui-même. Dans tous les cas, et quelle qu'en
soit la source, il est probable qu'on n'en a pas calculé les conséquences.

Si le réquisitoire se réduit aux termes qui nous ont été rappor-
tés, le procès intenté à MM. Enfantin et Rodrigues est un procès politique, un procès de la presse comme ceux que chaque mois
voit éclore par centaines. On y a joint la formalité de l'arrestation provisoire, pour se conformer à la jurisprudence humaine,
paternelle, équitable, adoptée depuis quelque temps à l'égard
des écrivains.

Nous avons plusieurs fois exprimé notre opinion sur les Saint-
Simoniens. Comme secte économique recherchant les causes de
l'effroyable malaise qui travaille les sociétés , et le remède qu'on
pourrait y appliquer, leur but nous paraissait digne d'éloges ; nous
n'avons pas compris leur idée de se faire secte religieuse : le temps
nous paraissait mal choisi : aussi s'établit-il alors une scission
parmi les disciples de la doctrine Saint-Simonienne. Mais enfin

l'établissement des sectes est libre en France, et ce n'est pas sans doute aujourd'hui qu'on poursuivrait des quakers comme on le fit sous la restauration. Voilà plus d'un an que les Saint-Simoniens prêchent publiquement leur doctrine sans qu'il en soit résulté aucun trouble et sans qu'on ait pu leur reprocher aucune provocation à la violation des lois. On a pu même apercevoir dans leurs prédications un but éminemment louable, celui de favoriser l'esprit d'association et de propager l'amour de la paix, de la paix qu'ils regardent comme l'indispensable condition de tout progrès dans la civilisation. Toute doctrine sociale autre que celle de la société telle qu'elle est, sera toujours subversive, car on ne peut ni réformer ni changer, en laissant tout en place. Maintenant l'ordre social, tel qu'il est, est-il tellement bon, tellement parfait que ce soit un crime d'en rêver un meilleur et d'aspirer à le réaliser? Nous ne croyons pas que l'affirmative soit soutenue par personne. Nous ne prétendons pas que la religion Saint-Simonienne ait trouvé le remède aux maux des sociétés modernes, que leurs idées soient applicables, que leur système soit susceptible de se réaliser; mais plus il y a d'utopie dans leur doctrine, moins il y a de danger; car on se ralliera plus facilement à un système qui se rattache en quelques points à l'ordre établi qu'à un système entièrement nouveau qui n'admet rien de ce qui existe.

Le gouvernement n'a rien à gagner à faire le procès à des doctrines; si elles ont du vrai, si elles ont de l'avenir, elles fructiferont malgré ses procès; si elles sont fausses, absurdes, elles tomberont d'elles-mêmes. La religion Saint-Simonienne nous paraissait renfermer en elle deux germes de dissolution : les emprunts et les donations de biens, puis l'affiliation de la femme libre; le temps nous eût montré ce qu'il en fallait penser. Dans tous les cas cerner une maison en plein jour avec des troupes et des gendarmes, saisir des papiers, arrêter deux hommes de mérite, les traduire devant les tribunaux pour leurs doctrines, c'est leur donner tout le relief de la persécution, et on sait si c'est la persécution qui anéantit les sectes. La saisie de leurs papiers est d'autant plus étrange qu'ils ont agi, parlé, prêché en plein jour, qu'ils n'ont caché ni leurs correspondances, ni leurs doctrines, ni leurs opérations financières, et qu'il n'y a aucune raison pour les soupçonner de menées clandestines. La liberté des doctrines sociales, des opinions religieuses; l'inviolabilité de la personne et du domicile, sont les dogmes fondamentaux de notre nouvel ordre politique; ce n'est jamais avec avantage pour lui-même que le gouvernement s'en écartera; loin de trouver de la force dans ce système de violence, il en donnera à ceux qu'il se croit intéressé à discréditer dans l'opinion et à réduire au silence.

(Suit la lettre adressée par le directeur du *Globe*, et rapportée dans notre numéro d'hier.)

LE TEMPS. — *Affaire des Saint-Simoniens.* — Il serait trop facile de déclamer contre des actes faits avec tout l'appareil d'une puissance bruyante contre une réunion d'hommes paisibles et qui ne troublaient en rien la paix publique.

Tel n'est pas notre rôle.

En prenant aujourd'hui la défense d'une secte dont nous ne partageons pas les opinions, nous remplissons le devoir de la presse. Nous avons signalé de malheureuses préventions contre les journaux, et les atteintes portées à la liberté individuelle; nous ne devons pas rester muets quand la liberté de conscience est troublée dans son exercice.

Ce matin, dès onze heures, les abords de la rue Monsigny ont été occupés par des détachemens de la garde municipale; l'appareil de cette force armée s'est successivement accru d'un piquet de garde nationale et d'une compagnie de ligne. Pendant que l'on cernait les issues de la maison commune, le procureur du roi, accompagné du juge d'instruction, de gardes municipaux et de sergens de ville, faisait une descente à la salle Taitbout pour disperser l'assemblée et les prédicateurs.

Après l'apposition des scellés, les magistrats se sont transportés rue Monsigny pour saisir la personne des chefs et les papiers de la société. La saisie a été consciencieuse, car, sans parler de la comptabilité non plus que des papiers personnels de MM. Enfantin et Rodrigues, on s'est emparé de toute la correspondance du *Globe*, qui compte, dit-on, plus de quatre mille lettres.

Au reste les magistrats ne paraissaient avoir d'idée bien arrêtée ni sur la nature ni sur l'objet de leur mission. Aucun grief sérieux n'a été articulé contre les sociétaires; après de longues hésitations, le mandat d'amener a même été converti en mandat de comparution pour les vingt-quatre heures.

S'il s'agit, comme on l'insinue, de réprimer des tentatives qui menacent l'ordre social, c'est s'y prendre un peu tard, et frapper de façon à se préparer une défaite. Depuis plus d'un an les prédictions de la rue Taitbout sont reproduites dans les colonnes du *Globe;* cependant on n'a pas jugé à propos de saisir ce journal trente fois comme la *Tribune*, ni d'interrompre les travaux du prosélytisme. De nombreux missionnaires ont parcouru la France, et dans chaque ville ont exposé leurs doctrines. A Paris ils ont organisé paisiblement une longue hiérarchie. Toujours et partout ils ont trouvé la tolérance la plus absolue; on leur a donné le droit de croire que personne ne s'inquiétait de leurs progrès, et qu'ils ne troublaient pas l'ordre public.

Quand on demandera à MM. Enfantin et Rodrigues de quel droit ils réunissaient plus de vingt personnes autour de leurs orateurs ou dans leurs salons, ne pourront-ils pas répondre : « En vertu de votre tolérance, en vertu d'un droit acquis. » Nous concevons bien que l'on blâme toute doctrine opposée à l'ordre établi; mais du blâme à la prohibition il y a la distance de la liberté au pouvoir absolu.

Si vous niez, fermez donc aussi les chaires de la science; ne permettez pas qu'il s'agite dans quelque coin de nos facultés une théorie de droit naturel; immobilisez la pensée et suspendez des professeurs chers au public, comme au temps où la voix de MM. Cousin et Guizot ne pouvait plus se faire entendre. Leurs amis sont au pouvoir, et ils ont déjà oublié les leçons du passé.

(Suit la lettre adressée par le directeur du *Globe*, et rapportée dans notre numéro d'hier.)

NATIONAL. — Aujourd'hui la force armée a investi le local où se font les prédications Saint-Simoniennes. Des mandats d'arrêt ont été lancés contre MM. Enfantin et Olinde Rodrigues, chefs de la nouvelle religion. Des perquisitions ont été faites rue Monsigny, sous la direction de M. le procureur du roi Desmortiers. On a demandé aux délégués de l'autorité supérieure pour quels griefs on portait atteinte à la liberté des personnes désignées par le mandat, et quelle conspiration avait nécessité une violation de domicile exécutée avec tant d'appareil. Ces délégués n'ont pas jugé à propos de répondre. C'est encore un des procédés du ministère de mettre la main sur les gens sans leur dire pourquoi, et de fouiller provisoirement le domicile des citoyens, sauf à déclarer ensuite qu'*il n'y avait pas lieu.*

Nous sommes fort désintéressés en ce qui touche l'opinion ou la religion qui a donné lieu à ces violences. Nous devons même dire que la partie politique des doctrines Saint-Simoniennes n'était point favorable, notamment depuis quelques mois, à celle que nous professons. Le ministère ne leur a pas su gré de certaines attaques contre la presse libérale, et il reconnaît assez singulièrement l'espèce de ménagement que les écrivains de l'école Saint-Simonienne avaient pour lui. Mais il s'agit ici d'une question de liberté, et, sous ce rapport, notre sympathie est assurée d'avance à toutes les opinions politiques ou religieuses qui ont à se plaindre de l'arbitraire ministériel. Que signifient ces violences ? Le ministère veut-il nous donner le change, et nous faire croire que le mal de la situation actuelle est dans les prédications de la secte Saint-Simonienne ? Espère-t-il cacher derrière de petites causes et de petits scandales de police judiciaire, un malaise universel, et qu'il ne lui est pas plus possible de dissimuler que de guérir ? Toutes ces misères ne font-elles pas profondément pitié ?

Au moment où nous achevons ces lignes, le directeur du *Globe*, journal de la doctrine Saint-Simonienne, nous adresse un récit détaillé des scènes de la rue Monsigny. Nous publions cette lettre, en conservant les appellations que les nouveaux religionnaires ont établies dans leur hiérarchie, et qui n'ont pas cours encore dans le monde.

(Suit la lettre adressée par le directeur du *Globe* et rapportée dans notre numéro d'hier.)

Le Figaro. — *Pourquoi nous n'attaquerons plus les Saint-Simoniens.* — En ce temps-là, il était midi ; c'était hier. Et depuis dix heures les loges et les galeries se remplissaient ; arrivaient des catéchumènes et des indifférens. Tout était obstrué, et l'on pouvait dire avec l'Écriture : « Il y aura beaucoup d'appelés, mais peu d'assis. »

Et les yeux étaient fixés sur le fauteuil du père suprême et sur le fauteuil qui tend les bras à la femme libre, à la femme-progrès.

Et l'on chassa des enfans qui jouaient et sautaient sur l'estrade, contradictoirement à ces paroles : « Laissez venir les petits enfans à moi. »

Et comme l'estrade était vacante, plusieurs confabulaient et devisaient de diverses choses. « Il y a cet avantage dans la religion catholique, disait-on, que les prêtres officient avant déjeuner, et par conséquent se font moins attendre. »

Et un sous-diacre apporta une sorte de ciboire contenant l'eau sucrée. L'eau sucrée est une sorte de corollaire de l'éloquence : c'est un perfectionnement que la chaire évangélique Saint-Simonienne a emprunté à la tribune. A creuser, et tamiser les discours de certains de nos honorables, on reste bien convaincu qu'ils ne sont montés à la tribune que pour boire l'eau sucrée ; que le verre d'eau sucrée est le but, et que le discours n'est qu'un prétexte ou un moyen.

Mais tout d'un coup l'estrade fut couverte : entrèrent pêle-mêle les frères de la doctrine, pâles et défaits ; des officiers de gendarmerie, M. Desmortiers, procureur du roi, et un certain nombre de commissaires de police et d'agens plus ou moins hideux.

Alors, nous qui étions venus le sourire sur les lèvres, l'esprit plein d'allusions malignes; nous qui étions venus hostiles, nous avons vu, avec un sentiment de sympathie, M. Barrault, homme d'un talent reconnu, pâle, la voix émue, demander le silence de la main, et dire :

« Messieurs, ce retard n'est pas volontaire; la garde municipale et la troupe de ligne cernent le père Enfantin dans sa maison, rue de Monsigny. »

Des cris d'indignation s'élevèrent de toute part.

Et M. Barrault demanda encore le silence.

« Messieurs, nous devons nous soumettre à ce commencement de persécution. »

Alors le procureur du roi annonça que l'on devait évacuer la salle, et que l'on allait apposer les scellés sur la porte.

M. Barrault engagea l'assistance à obéir.

Le pouvoir n'a qu'un génie : c'est celui de froisser tout, et de se faire des adversaires et des ennemis. Les Saint-Simoniens étaient livrés à la presse périodique; le combat était commencé, et la nouvelle doctrine avait reçu plusieurs blessures. Mais on persécute les Saint-Simoniens, ils deviennent respectables, et certes nous ne voyons plus de ridicule là où il y a oppression. Nous n'avons pas de raillerie contre les victimes d'un ministère stupide.

Nous avons vu de la grandeur dans le visage pâle, dans la voix émue de M. Barrault prononçant des paroles calmes et nobles.

Aujourd'hui nous ne sommes plus adversaires des Saint-Simoniens aux prises avec les mesures illégales de l'autorité; et toute cette portion de sarcasme que nous leur destinions va retomber sur un pouvoir qui n'a d'énergie que contre les citoyens et leurs libertés.

TRIBUNE. — *M. Desmortiers et les Saint-Simoniens.* — Nous

n'approuvons pas les doctrines des Saint-Simoniens, nous les avons même combattues. Notre polémique avec eux avait eu les formes que doivent toujours conserver des hommes honorables qui soutiennent leurs convictions. Ce n'est pas sans surprise que nous avons lu ce matin dans *le Globe* un article signé M. C., hostile aux républicains en général et à la *Tribune* en particulier. On nous donne le conseil de *reprendre le chemin de la pacification*, sous peine de *graviter vers une explosion au dedans et au dehors*, ou plutôt *d'atteindre une position tellement fausse, de nous isoler tellement du public, que le pouvoir se croira assez fort vis à vis de nous pour employer à notre égard des procédés brutaux.*

Nous ne voulons point insister sur le caractère assez bizarre que les circonstances viennent de donner à ce conseil. Les Saint-Simoniens viennent d'être victimes d'une nouvelle brutalité du pouvoir, et nous ne conservons plus d'autre pensée que celle de porter appui à la liberté violée en leurs personnes. Voici les faits que nous avons recueillis :

A midi le domicile de la confrérie Saint-Simonienne, rue de Monsigny, n. 6, a été cerné par une trentaine de gardes municipaux, commandés par un lieutenant et assistés d'un commissaire de police. Un détachement de gardes nationaux de la 8e légion, commandé par M. Saint-Amaud-Cimtière ; un détachement de troupes de ligne commandé par deux capitaines d'état-major de la garde nationale, sont successivement venus apporter renfort ; ils étaient soutenus par deux compagnies de hussards postés rue Chauchat. Tout cet appareil préventif avait pour objet d'empêcher la communauté Saint-Simonienne, et spécialement les pères *Rodrigues* et ENFANTIN, de se rendre à la prédication qui a lieu publiquement depuis près de deux ans à la salle de la rue Taitbout.

Vers midi et demi MM. Desmortiers, procureur du roi, et Zangiacomi, juge d'instruction, accompagnés de deux commissaires de police, sont arrivés à la salle Taitbout. Leur arrivée et leurs procédés ont causé un mouvement de désapprobation d'un auditoire choisi et composé en majeure partie de dames qui allaient écouter les saintes paroles du prédicateur Barrault, qui s'est empressé de recommander le calme et la résignation. La salle a été paisiblement évacuée.

MM. Desmortiers et Zangiacomi se sont alors rendus rue Monsigny, où leurs perquisitions ont été continuées. On assure qu'ils ont manifesté un instant l'intention de faire évacuer la maison, sous le prétexte que, contrairement à l'art. 291 du Code pénal, plus de vingt personnes s'y trouvaient réunies pour s'occuper de politique et de religion.

Désormais voilà les doctrines Saint-Simoniennes victorieusement réfutées ; voilà le triomphe de la raison. . à la Persil! Bien, très-bien! la peur vous pousse de rigueurs en rigueurs : c'est ainsi que tout pouvoir finit. Avancez !...

Une question. L'article 291 autorise-t-il les mesures préventives, et pouvait-on s'opposer à ce que des citoyens sortissent de leur demeure, sur le simple soupçon qu'ils pouvaient se rendre à une réunion illégale? Cela ne constituerait-il pas une violation de domicile, de liberté individuelle, et de séquestration arbitraire et illégale tout à la fois? Ces faits sont graves, et la justice sera saisie; mais nos chambres législatives devraient l'être aussi. Comment nos libéraux de restauration, qui ont crié quinze ans contre l'absurde sévérité du Code pénal de l'empire à ce sujet, osent-ils se servir d'une pareille arme, à demi brisée par la jurisprudence des cours royales? Les députés du moins doivent prendre l'initiative. Il serait honteux pour la France de se croire encore au temps des dragonnades, et l'on ne devrait plus trouver personne disposé à courir sus à un huguenot. Veut-on nous faire rétrograder jusqu'à la brutalité du moyen âge? En vérité, ce ne peut jamais être pour long-temps.

(Suit la lettre adressée par le directeur du *Globe*, et rapportée dans notre n° d'hier.)

L'OPINION. — *Persécutions contre les Saint-Simoniens.* — Il y

a vingt jours *le Constitutionnel* annonça que des poursuites allaient être dirigées contre les Saint-Simoniens. Nous rapportâ-
mes la nouvelle du journal ministériel sans toutefois y ajouter foi.
Il nous semblait invraisemblable que le pouvoir se prît de que-
relle avec une secte qui prêche publiquement ses doctrines. Nous
nous trompions : hier la maison de la rue Monsigny où demeurent les principaux chefs du culte Saint-Simonien , et la salle
Taitbout où avaient lieu leurs prédications, ont été envahies par
la force armée, sous la direction du procureur du roi et d'un
commissaire de police. D'où proviennent ces rigueurs contre des
citoyens paisibles qui usent de la liberté que leur garantit la
constitution de leur patrie ? Certes nous ne partageons pas toutes les doctrines que professent les apôtres de Saint-Simon , mais
par cela même que ce sont des doctrines , nous ne connaissons
d'autres moyens pour les combattre que la presse et la parole. Le
gouvernement veut employer la force brutale, nous proclamons
une telle conduite déloyale, et nous protestons énergiquement
contre cette nouvelle atteinte aux droits des citoyens. Liberté de
la presse, liberté des cultes, liberté individuelle, tout est foulé aux
pieds par les agens du pouvoir dans leur expédition de la rue
Taitbout et de la rue Monsigny. Si les Saint-Simoniens violent
les lois existantes ou troublent l'ordre établi, qu'on les poursuive
par les voies extraordinaires : il y a des tribunaux de police cor-
rectionnelle, il y a des cours d'assises, qu'on les fasse juger. Mais
les cerner chez eux, les chasser de leur temple en invoquant certain article du code pénal aboli par la Charte de 1830, c'est un
abus de pouvoir, une véritable tyrannie. Nous reviendrons in-
cessamment sur cette affaire. Nous voulons la liberté pour tous.

(Suit la lettre adressée par le directeur du *Globe*, et rapportée dans
notre numéro d'hier.)

Extrait du GLOBE *du mercredi 25 janvier.*

Nous continuons de reproduire les témoignages de sympathie

3

que nous ont donnés les feuilles libérales. C'est pour nous une
dette de reconnaissance que nous acquittons avec bonheur.

MOUVEMENT. — *De la Persécution dirigée contre les Saint-Simoniens.* — Nous avons laissé pressentir hier le jugement que nous
portons sur ce nouvel abus d'autorité, et les personnes qui connaissent nos opinions n'ont pas pu douter que nous prendrions
la défense de la liberté philosophique dans une circonstance où
elle vient d'être si étrangement violée. D'un autre côté, nous ne
serons pas suspects de partialité pour le Saint-Simonisme, dont
encore récemment nous avons attaqué les doctrines.

Et c'est une justice à rendre à tous les journaux patriotes, qui
ont eu souvent à se plaindre de l'appui que le Saint-Simonisme
prêtait au pouvoir contre la liberté, que pas un seul, en cette occasion, n'a manqué à l'appel des Saint-Simoniens. *Le Courrier*
et *le Figaro* se distinguent entre tous, dans cette fraternelle al-
liance des intelligences libres, contre l'influence occulte d'une
coterie égoïste et bornée. Le silence que les feuilles carlistes gar-
dent sur l'expédition de la rue Taitbout dépose en faveur de la
philosophie Saint-Simonienne; il prouve que les écrivains féo-
daux ont éventé l'élément de progrès que renferme en effet cette
doctrine sous des formes qui rappellent le moyen âge ; mais il
montre en même temps quelle confiance on doit avoir dans les
protestations libérales de la faction rétrograde.

Quant aux journaux du ministère, ils se bornent à raconter les
faits. Nous venons de dire que le *Journal des Débats* les expose
avec une grande réserve, et s'abstient expressément de les juger,
par un sentiment de décence et de bon goût. *Le Constitutionnel*
s'en exprime avec le zèle d'un nouveau converti, et l'aigreur ou-
trecuidante de son récit fait honneur à sa générosité.

Que dire maintenant de cette triste équipée du pouvoir, que
tout esprit droit, que tout homme équitable n'ait déjà pensé? Il
est au su de quiconque lit les journaux que la société philosophique ou religieuse qui prend le nom de Saint-Simonienne se
compose d'hommes lettrés et de femmes ayant reçu une éduca-

tion soignée ; que les prédications ou enseignemens de la salle Taitbout avaient lieu devant un public choisi des deux sexes ; que les réunions de la rue Monsigny sont suivies par la société polie qui fréquente les salons; que jamais les chefs de la doctrine Saint-Simonienne n'ont voulu dérober leurs actes à l'investigation du public, encore moins à celle des magistrats ; qu'à l'exception des discussions intérieures de ce qu'ils nomment leur *collége*, ou s'élabore la doctrine philosophique et religieuse qu'ils déposent ensuite dans leurs journaux, les Saints-Simoniens ont constamment ouvert leurs salons ou leurs temples à quiconque désirait s'approcher d'eux ; que loin de fuir la lumière, ils appelaient sans cesse l'examen sur leurs idées, sur leurs actes, sur leurs personnes.

Ces faits, connus de tous, ne devaient pas être ignorés de l'autorité. Et cependant que de fracas ridicule, que de violence intempestive pour une chose qui pouvait paraître légitime si l'on s'y fût pris avec calme et dignité ! Au fond, de quoi s'agissait-il? D'interroger les directeurs de la société Saint-Simonienne sur la nature et le but de leurs enseignemens. Pour cela il suffisait d'une simple citation judiciaire. Oserait-on soutenir que MM. *Rodrigues* et ENFANTIN s'y fussent soustraits, placés comme ils le sont en vue de tous à la tête d'un vaste établissement? Ce serait absurde. Quant à la clôture de la salle Taitbout, le pouvoir avait rigoureusement le droit légal de l'opérer. La question est de savoir si, après une tolérance de trois années, il était survenu des faits nouveaux, de graves scandales qui autorisassent moralement le pouvoir à user de son droit. Nous croyons que personne n'affirmera qu'il y avait urgence dans la mesure, et que le repos public était menacé par un enseignement fait sans trouble, une fois la semaine, devant une société choisie; un enseignement, notez, reproduit le lendemain dans son expression littérale par *le Globe*, qui n'a jamais été saisi. En tout cas, la clôture de la salle Taitbout pouvait être prononcée sans éclat par un simple officier public revêtu de ses insignes.

Mais il paraît que les ordonnateurs de l'expédition avaient besoin d'une esclandre pour justifier aux yeux des sots une rigueur injustifiable. Au lieu de la loi calme et digne, représentée par un magistrat sans escorte, fort seulement de la puissance abstraite qu'il eût invoquée, on a mis sur pied une armée entière : garde nationale, troupe de ligne, cavalerie ; c'est dommage, en vérité, qu'on n'ait pas fait venir de l'artillerie de Vincennes. Eh quoi ! des sabres, des baïonnettes pour expulser d'un cours public des gens de lettres, des femmes ! Quoi ! des sabres encore, des fusils pour pénétrer dans le domicile de personnes des deux sexes, habituées à recevoir la société la plus polie de la capitale !

Evidemment il y a ici autre chose qu'une incroyable gaucherie : c'est une comédie donnée au juste-milieu, pour se concilier ses suffrages en intéressant son excessive timidité. Pour ameuter les imbéciles contre le Saint-Simonisme, il fallait le leur rendre redoutable. On a traité les Saint-Simoniens comme les sorciers jadis que l'on amenait, en présence de la justice, chargés de grosses chaînes, pour les empêcher de déchirer les assistans.

Au bénéfice de qui a-t-on joué cette farce ? Nous le soupçonnons. Nous avons parlé plus haut d'une coterie égoïste et bornée : c'est la coterie doctrinaire que nous voulons dire, qui s'est emparée des pouvoirs publics le lendemain de notre glorieuse révolution.

Cette coterie a hérité de la puissance occulte, des projets ambitieux, des manœuvres souterraines de la congrégation. Sans être religieuse, elle a, comme sa devancière, ses dogmes métaphysiques, et son système de gouvernement qui en est la conséquence. Ce système, essentiellement aristocratique, tend à resserrer les droits politiques dans un très-petit nombre de citoyens. Aussi fait-elle aux petits électeurs et aux capacités intellectuelles une guerre plus acharnée que la congrégation dévote qui florissoit sous Charles X. La coterie doctrinaire a en horreur la souveraineté du peuple, en horreur les maximes républicaines et les doctrines d'égalité. C'est parce que l'égalité est le principe du Saint-Simonisme que les Saint-Simoniens sont persécutés par elle.

Il y a, selon nous, de grands reproches à faire à la philosophie Saint-Simonienne ; nous les exposerons un jour, mais ce n'est que par ses bons côtés que cette philosophie blesse l'égoïsme étroit et aveugle des hommes qui veulent étouffer notre révolution.

M. Michel Chevalier, directeur du *Globe*, nous adresse les interrogatoires subis aujourd'hui par les deux chefs de la religion Saint-Simonienne, MM. Enfantin et Olinde Rodrigues ; nous les publions avec plaisir, parce que, en démontrant que le ministère public n'avait puisé que dans des faits généraux, dans des doctrines, les préventions infamantes dirigées contre ces deux citoyens, ils réfutent les insinuations odieuses des journaux ministériels qui voudraient donner à une scandaleuse persécution la couleur d'une poursuite ordinaire intentée sur des plaintes de parties lésées.

(Suit l'interrogatoire.)

NATIONAL. — Voici l'interrogatoire fort curieux qu'on a fait subir à MM. Enfantin et Olinde Rodrigues, chefs de la religion Saint-Simonienne. Comme on paraît avoir cherché à donner à cette accusation le caractère d'une ignoble escroquerie, il est de notre devoir de déclarer que nous avons connu long-temps dans la cause de l'opposition libérale les deux hommes dont il s'agit, et qu'une telle accusation intentée contre eux ne mériterait que le mépris. Visionnaires ou non, MM. Enfantin et Olinde Rodrigues sont avant tout des hommes probes. Il n'y a qu'une conviction sincère qui ait pu les entraîner dans les doctrines sociales qu'ils professent. S'il leur eût convenu d'appliquer à la carrière de l'ambition l'incontestable capacité qu'ils possèdent l'un et l'autre, ils avaient tous les moyens de se satisfaire. L'interrogatoire que nous donnons est d'une futilité bien ridicule, après les scènes violentes de la police au domicile des inculpés.

(Suit l'interrogatoire.)

Le Courrier des Electeurs. — Le ministère a fait aujourd'hui son petit coup d'état. Au moment où une brillante assemblée se pressait à la salle Taitbout pour entendre la prédication Saint-Simonienne, un commissaire de police, assisté de nombreux agens et de divers détachemens de gardes municipaux et nationaux, et de troupes de ligne, a ordonné l'évacuation de la salle. M. le prédicateur Barrault a adressé au public quelques paroles, pour l'engager à obéir aux sommations de l'autorité, et l'auditoire s'est retiré en silence. Les scellés ont été apposés aux portes de la salle.

Après cette première expédition, la force armée s'est transportée à la rue Monsigny, où sont établis les bureaux du *Globe* et où demeurent les principaux chefs de la religion Saint-Simonienne. La maison n° 6, qu'ils occupent, a été envahie par les agens de l'autorité. Bientôt sont arrivés M. Desmortiers, procureur du roi, et M. le juge d'instruction Zangiacomi, qui ont procédé à diverses perquisitions. Les scellés ont été mis sur les papiers de l'association Saint-Simonienne. Un mandat d'amener est lancé contre MM. Enfantin et Olinde Rodrigues; mais leurs amis avaient tout lieu d'espérer qu'il serait changé en simple mandat de comparution.

Nous racontons les faits, nous dirons plus tard les réflexions qu'ils provoquent. Nous ferons une seule remarque. Les hommes d'état qui se sont permis ce coup de tête ne sont pas tenus de connaître l'histoire, mais au moins devraient-ils savoir, par l'étude de l'homme, que la persécution ranime les sympathies, en ne permettant plus l'indifférence. La brutale mesure qu'ils viennent de prendre envers les Saint-Simoniens a déjà gagné de nouveaux adeptes à la religion naissante. Deux citoyens qui occupent dans la société un rang élevé, et qui hésitaient à se ranger sous la bannière religieuse de MM. Enfantin et Olinde Rodrigues, ont soudainement pris leur parti à l'aspect de ces honteuses persécutions. Ils ont fait à la religion de Saint-Simon l'abandon d'une fortune considérable.

(59)

Invoquez donc vos articles 291 pour amener de pareils
résultats !

Le même journal, dans son numéro d'hier soir, s'exprime
ainsi avant de rapporter l'interrogatoire qu'ont eu à subir notre
PÈRE SUPRÊME et notre père *Rodrigues* :

« Nous rapportons le curieux interrogatoire que M. le juge
d'instruction a fait subir hier à MM. Enfantin et Rodrigues,
chefs de la religion Saint-Simonienne. La futilité et la niaiserie
des questions auressés par ce magistrat aux deux inculpés ne
servent qu'à mieux faire ressortir encore tout ce qu'il y a d'o-
dieux dans ces poursuites violentes dirigées contre des hommes
dont le seul crime est une foi sincère aux doctrines qu'il professent, et que la noblesse de leur caractère et la pureté de leur
vie auraient dû mettre au moins à l'abri d'ignobles soupçons. »

Hier mardi, M. Zangiacomi, juge d'instruction, nous a res-
titué les registres de la comptabilité du *Globe*; nous présumons
que demain le reste de nos papiers nous sera rendu, sous la condition de les représenter à la première demande de l'autorité.
Nous n'avons trouvé que politesse, convenance et égards dans
les rapports qu'à ce sujet nous avons eus avec les agens de l'autorité judiciaire.

Pendant que notre caractère religieux et les souvenirs de l'attitude pleine de calme et de dignité de notre PÈRE SUPRÊME trans-
forment ainsi successivement les préventions des hommes en qui
s'étaient pour ainsi dire incarnées les préventions de ceux qui ne
nous connaissent pas encore, nous avons la douce satisfaction
de voir la presse libérale défendre généreusement notre cause et
repousser les odieuses imputations dont quelques hommes légers
ou pleins de fiel ont voulu salir notre père suprême ENFANTIN et
notre père *Olinde Rodrigues*, chef du *culte*. Cette double attrac-
tion n'est-elle pas un symbole de notre puissance conciliatrice, et

un gage de l'influence toute pacifique que des hommes religieux, dévoués à l'amélioration de *tous*, doivent exercer sur *tous?* Ainsi s'établit par un double mouvement la popularité du Saint-Simonisme, et en même temps celle de l'homme qui assume la responsabilité principale de notre apostolat.

M. C.

Imprimerie d'EVERAT, rue du Cadran, n. 16.